AF311675

AMADIS,

TRAGÉDIE,

REPRÉSENTÉE, POUR LA PREMIERE FOIS,

PAR L'ACADÉMIE-ROYALE

DE MUSIQUE,

Le 16 Janvier 1684.

Reprise le 31 Mai 1701, le 13 Mai 1718, le 4 Octobre 1731, le 8 Novembre 1740,

Le 6 Novembre 1759,

Et remise au Théâtre, le Mardi 26 Novembre 1771.

PRIX XXX. SOLS.

AUX DÉPENS DE L'ACADÉMIE.

A PARIS, Chés DE LORMEL, Imprimeur de ladite Académie, rue du Foin, à l'Image Sainte Genevieve.

On trouvera des Exemplaires du Poeme à la Salle de l'Opera.

M. DCC. LXXI.

AVEC APPROBATION ET PRIVILEGE DU ROI.

Le Poeme eſt de QUINAULT.

La Muſique eſt de LULLI.

AVERTISSEMENT.

ON auroit été juſtement accuſé de préſomption, ſi on avoit ôſé toucher aux *Scênes* de *Lulli*, qui ſont des chef-d'œuvres conſacrés depuis ſi long-tems par les applaudiſſemens du Public : on auroit eu le même tort, ſi on ſe fût permis de rien ajoûter aux vers de *Quinault*.

Ce n'eſt même que d'après l'accueil que le Public a fait aux changemens & aux additions qui lui ont été ſoûmis dans les divertiſſemens de différens ouvrages des mêmes Auteurs, qu'on a cru pouvoir ſe permettre de refaire la Muſique des Chœurs & des Divertiſſemens d'*Amadis*, qui ne pouvoient avoir été faits par *Lulli*, comme on les deſire actuellement, parce que ce grand homme manquoit de ſujèts pour exécuter tout ce que ſon génie lui auroit inſpiré, & que de plus, le goût du Public eſt, à cet égard, abſolument changé depuis près d'un ſiècle, que cet ouvrage a paru pour la première fois.

Si le Public daigne accorder ſon ſuffrage aux efforts qu'on a faits pour le mériter, des mains plus habiles lui conſerveront, en les rafraîchiſſant, pluſieurs ſuperbes Opéra des mêmes Auteurs, dont il ſeroit pour toûjours privé, ſi on ne les rajeuniſſoit pas.

Quel que ſoit le ſuccès de cette entrepriſe, le Public eſt trop juſte & trop éclairé pour n'être pas perſuadé qu'on n'a été animé que du deſir de lui plaire.

ACTEURS CHANTANTS.

DANS LES CHŒURS.

<table>
<tr><td colspan="2">Côté du Roi.</td><td colspan="2">Côté de la Reine.</td></tr>
<tr><td>*Mesdemoiselles.*</td><td>*Messieurs.*</td><td>*Mesdemoiselles.*</td><td>*Messieurs.*</td></tr>
<tr><td>d'Hautrive.</td><td>Héri.</td><td>du Puis.</td><td>l'Écuyer.</td></tr>
<tr><td>Garrus.</td><td>Cailteau.</td><td>Floquet.</td><td>Albert.</td></tr>
<tr><td>de Laurette.</td><td>Van-Hecke.</td><td>Hebert.</td><td>Tourcati.</td></tr>
<tr><td>Durand.</td><td>Vatelin.</td><td>d'Agée.</td><td>Pâris.</td></tr>
<tr><td>Fontenet.</td><td>Larlat.</td><td>des Rosieres.</td><td>Ghuiot.</td></tr>
<tr><td>l'Etienne.</td><td>Lagier.</td><td>Jouette.</td><td>Capoi.</td></tr>
<tr><td>Renard.</td><td>Martin.</td><td>de l'Or.</td><td>Larssure.</td></tr>
<tr><td>Girardin.</td><td>Dessart.</td><td>Chenais.</td><td>Marniesse.</td></tr>
<tr><td>Veron.</td><td>Méon.</td><td>Denis , l.</td><td>Boi.</td></tr>
<tr><td>le Queulx.</td><td>Cleret.</td><td>Rouxelin.</td><td>Laurent.</td></tr>
<tr><td>le Fevre.</td><td>Beghaim.</td><td>de Merei.</td><td>Huet.</td></tr>
<tr><td>la Gaire.</td><td>Tacusset.</td><td>Quinson.</td><td>Parant, c.</td></tr>
<tr><td>Thibault.</td><td>Baillion.</td><td>S. Julien.</td><td>Itasse.</td></tr>
<tr><td>Héri.</td><td>Royer.</td><td></td><td>Jalaguier.</td></tr>
<tr><td></td><td>Cazal.</td><td></td><td>Jouve.</td></tr>
<tr><td></td><td>de Lori.</td><td></td><td>Noelle.</td></tr>
<tr><td></td><td>Clairembeault.</td><td></td><td>Gouzet.</td></tr>
</table>

A ij

ACTEURS
DU PROLOGUE.

ALQUIF, *célebre enchan-*
*teur, époux d'*URGANDE,　　　M. Gélin.

URGANDE, *célebre enchan-*
*teresse, épouse d'*ALQUIF,　　Mᶫᶫᵉ du Rancy.

SUITE *d'*ALQUIF, *& d'*URGANDE.

PERSONNAGES DANSANTS
DU PROLOGUE.

SUIVANTS D'ALQUIF.

M. SIMONIN.

Mʳˢ Liesse, Hennequin, l. Caster, Guillet,
Simonnet, des Bordes, Baux, Pladix.

SUIVANTES D'URGANDE.

Mᶫᶫᵉ d'ERVIEUX.

Mᶫᶫᵉˢ d'Auvilliers, Mainvilliers, Henriette,
du Chesnois, Adrienne, des Haies, Lallin, Gertrude.

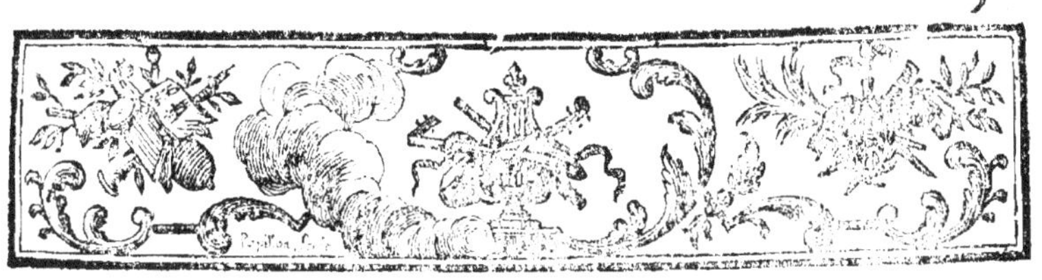

PROLOGUE.

Le théâtre repréfente les lieux qu'ALQUIF &
URGANDE ont choifis, pour y demeurer
enchantés & affoûpis avec leur fuite.

(Un éclair & un coup de tonnerre commencent à
diffiper l'affoûpiffement d'ALQUIF,
d'URGANDE & de leur Suite.)

ALQUIF ET URGANDE.

AH ! j'entends un bruit qui nous prêffe
De nous raffembler tous ;
Le charme cèffe,
Éveillons - nous.

(Les fuivants d'ALQUIF & les fuivantes d'UR-
GANDE s'éveillent, & répétent ces deux vers.)
Le charme cèffe,
Éveillons - nous.

ALQUIF et URGANDE.

Efprits, empreffés à nous plaire,
Vous, qui veillés ici pour notre fûreté,
Votre foin n'eft plus néceffaire ;
Vous pouvés déformais partir en liberté.

Que le ciel annonce à la terre
La fin de cet enchantement :
Brillants éclairs, bruyant tonnerre,
Marqués, avec éclat, ce bienheureux moment.

LE CHŒUR.

Que le ciel annonce à la terre
La fin de cet enchantement :
Brillants éclairs, bruyant tonnerre,
Marqués, avec éclat, ce bienheureux moment.

(*Pendant le chœur, les génies qui veilloient à la fûreté d'*ALQUIF, *d'*URGANDE *& de leur fuite, s'envolent, au bruit du tonnerre & à la lueur des éclairs.*)

(*La Suite d'*ALQUIF *& d'*URGANDE *témoigne, par des danfes & des chants, la joie qu'elle reffent de ce que l'enchantement eft fini.*)

URGANDE.

Lorfqu'Amadis périt, une douleur profonde
Nous fit retirer en ces lieux :

Un charme affoûpiſſant devoit fermer nos yeux,
Juſqu'au tems fortuné que le deſtin du monde
Dépendroit d'un héros, encor plus glorïeux.

A L Q U I F.

Ce héros trïomphant veut que tout ſoit tranquille;
Envain mille envïeux s'arment de toutes parts;
      D'un mot, d'un ſeul de ſes regards
Il ſait rendre, à ſon gré, leur fureur inutile.

A L Q U I F et U R G A N D E.

        C'eſt à lui d'enſeigner
        Aux maîtres de la terre
        Le grand art de la guerre;
        C'eſt à lui d'enſeigner
        Le grand art de régner.

U R G A N D E.

Retirons Amadis de la nuit éternelle,
Le ciel nous le permet; un ſort nouveau l'apelle
        Où ſon ſang regnoit autrefois:
        Allons vivre heureux ſous ſes loix.

                    (*On danſe.*)

URGANDE ET LE *CHŒUR.*

Suivons l'Amour, c'eſt lui qui nous mene ;
Tout doit ſentir ſon aimable ardeur :
Un peu d'amour nous fait moins de peine
Que l'embarras de garder notre cœur.

Malgré nos ſoins, l'Amour nous enchaîne,
On ne peut fuir ce charmant vainqueur :
Un peu d'amour nous fait moins de peine,
Que l'embarras de garder notre cœur.

(On danſe.)

ALQUIF ET *URGANDE.*

Volés, tendres Amours, Amadis va revivre ;
 Son grand cœur eſt fait pour vous ſuivre :
  Volés, volés, aimables Jeux ;
Conduiſés Amadis en des climats heureux.

LE *CHŒUR.*

  Volés, volés, aimables Jeux ;
Conduiſés Amadis en des climats heureux.

FIN DU PROLOGUE.

ACTEURS.

ACTEURS

DE LA TRAGÉDIE.

AMADIS, *fils du roi Pé-*
rion, de Gaule,   M. le Gros.

ORIANE, *fille de Lifvart, roi*
de la Grande-Bretagne,   Mlle Arnould.

FLORESTAN, *fils-naturel du*
roi Périon, de Gaule,   M. Durand.

CORISANDE, *fouveraine de*
Gravefande,   Mlle Rofalie.

ARCALAUS, *chevalier en-*
chanteur, frere d'ARCA-
BONNE & d'ARDAN-
CANILE,   M. Gélin.

ARCABONNE, *célebre en-*
chanterefſe,   Mlle du Plant.

URGANDE, *célebre enchan-*
terefſe, amie d'AMADIS,   Mlle du Ranci.

L'OMBRE *d'ARDAN-*
CANILE,   M. Gélin.

UNE SUIVANTE
d'ORIANE,   Mlle Châteauneuf.

UNE BERGERE,   Mlle Châteauneuf.

UNE SUIVANTE *d'UR-*
GANDE,   Mlle Châteauneuf.

B

PERSONNAGES DANSANTS
DE LA TRAGÉDIE.
ACTE PREMIER.
GUERRIERS COMBATTANTS.

Premier **PARTI.** { M^rs. GARDEL, BAULIEU.
Mrs Beaulieu, Gallet, du Chaîne, James.

Second **PARTI.** { M^rs. LEGIER, GARNIER.
Mrs Henri, Rivet, Huart, Dangui.

SUIVANTES D'*ORIANE.*

Mlle ASSELIN.

Mlle GODOT.

Mlles Martin, Rofé, Piccini, Murès, le Houx,
Jonveau, Montauban, Stéphanie.

ACTE SECOND.

DÉMONS.

Mrs Leger, Granier, Girouft, Hennequin, c.,
le Doux, Abraham, le Fevre, le Roi, c.

AUTRES DÉMONS.
Sous la forme de Bergers & de Bergeres.

Mlle GUIMARD.

Mlles la Fond, des Forges, Thevenet, Gaudot,
Henriette, Mercier, d'Auvilliers, des Haies,
le Bel, Adrienne, Maupin, Lallin.

ACTE TROISIÈME.

CAPTIFS ET *CAPTIVES.*

M. d'AUBERVAL, Mlle ALLARD.

Mlle. COMPAIN.

Mrs Henri, Rivet, Huart, Abraham, le Fevre, du Chaîne, Dangui, James.

Mlles de Miré, Auberte, Buré, le Vrai, du Mont, du Chefnois, l'Efcaut, Huet.

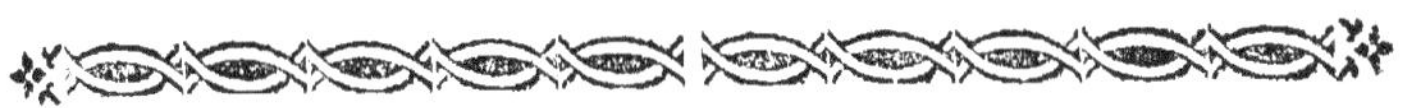

ACTE QUATRIÈME.

SUITE D'*URGANDE.*

M. GARDEL, Mlle GUIMARD.

M. MALTER, Mlle. LAFOND.

Mrs Giguet, Cafter, Lieffe, Hennequin, l., des Bordes, Simonnet, Baux, Pladix.

Mlles d'Auvilliers, Mainvilliers, Henriette, du Chefnois, Adrienne, des Haies, Lallin, Gertrude.

ACTE CINQUIÈME.

HÉROS ET *HÉROÏNES*
ENCHANTÉS.

M. Vestris.

M. Simonin, Mlle Compain. M. des Preaux.

Mrs Leger, Granier, Beaulieu, Hennequin, l.,
Henri, Rivet, Gallet, Huart, Abraham,
du Chaîne, Dangui, James.

Mlles la Fond, Gaudot, des Forges, Thevenet,
Martin, Rofé, Mercier, l'Efcaut, Jonveau,
le Houx, le Bel, du Mont.

AMADIS,

TRAGEDIE.

ACTE PREMIER.

Le théâtre répréfente un arc de triomphe, élevé
près de la ville capitale des états du roi
LISVART, pere D'ORIANE.

SCÈNE PREMIÈRE.

AMADIS, FLORESTAN.

FLORESTAN.

JE reviens dans ces lieux, pour y voir ce que j'aime ;
Mais au fang qui nous joint je fais ce que je dois :
Je ne puis vous laiffer, fans une peine extrême,
Dans la douleur où je vous vois.

Le grand cœur d'Amadis doit être inébranlable ;
Quel malheur peut troubler un héros indomtable,
Vainqueur des fiers tirans & des monſtres affreux ?

A M A D I S.

J'aime ; hélas ! c'eſt aſſés pour être malheureux.

F L O R E S T A N.

Sans-cèſſe vous volés de victoire en victoire ,
Votre grand nom s'étend auſſi loin que le jour :
    Conſolés-vous avec la gloire ,
    Si vous vous plaignés de l'amour.

A M A D I S.

    J'ai choiſi la gloire pour guide ,
J'ai prétendu marcher ſur les traces d'Alcide ;
    Heureux ! ſi j'avois évité
Le charme, trop fatal, dont il fut enchanté.
    Son cœur n'eut que trop de tendreſſe ;
    Je ſuis tombé dans ſon malheur :
    J'ai mal imité ſa valeur,
    J'imite trop bien ſa foibleſſe.

J'aime Oriane ; hélas ! je l'aime ſans eſpoir.

F L O R E S T A N.

Elle dépend d'un pere , elle ſuit ſon devoir.

AMADIS.

Orïane m'aimoit, je l'aimois fans allarmes.

FLORESTAN.

Que vous peut-elle offrir, que d'inutiles larmes ;
L'empereur des romains fur fon trône l'attend.

AMADIS.

Je pourrois l'obtenir par la force des armes,
  Si fon amour étoit conftant ;
Et je croyois fon cœur à l'épreuve des charmes
  Du trône le plus éclatant.

Fut-il jamais amant plus fidele & plus tendre !
Fut-il jamais amant plus malheureux que moi !

  La beauté, dont je fuis la loi,
Me bannit, pour jamais, fans me vouloir entendre ;
Hélas ! eft-ce le prix que je devois attendre
  De mon amour & de ma foi ?

Fut-il jamais amant plus malheureux que moi !

FLORESTAN.

  Quand on eft aimé comme on aime,
C'eft une trahifon que de fe dégager ;
  Mais c'eft une foibleffe extrême

D'aimer une inconstante, & de ne pas changer.

Vous serés plus heureux dans une amour nouvelle.

AMADIS.

Orïane, ingrate & cruëlle,
M'accâble de mortels ennuis ;
Mais j'ai juré de conserver pour elle
Une amour éternelle :
Tout infortuné que je suis,
J'aime mieux être encor malheureux, qu'infidele.

C'est trop vous arrêter, allés, suivés l'Amour.
Corisande en ces lieux attend votre retour.

FLORESTAN.

Vous puis-je abandonner à votre inquïétude ?

AMADIS, en s'en allant.
Un amour malheureux cherche la solitude.

SCÉNE

SCÈNE II.

CORISANDE, FLORESTAN.

CORISANDE.

Floreſtan !

FLORESTAN.

Coriſande !

FLORESTAN ᴇᴛ *CORISANDE.*

O bienheureux moment !
Qui finit mon cruël tourment.

Après la rigueur extrême
D'un fatal éloignement,
Que c'eſt un plaiſir charmant
De revoir ce que l'on aime !

CORISANDE.

Au tendre amour qui me tient ſous ſa loi,
Si votre cœur eût été bien ſenſible,
Vous eût-il été poſſible
De vous éloigner de moi ?

C

F L O R E S T A N.

Fils d'un roi, dont le nom par-tout s'eſt fait con-
    noître,
Et frere d'Amadis, le plus grand des héros,
Pouvois-je demeurer dans un honteux repos?
Aurois-je démenti le ſang qui m'a fait naître?

Pour mériter de plaire aux yeux qui m'ont charmé,
J'ai cherché tout l'éclat que donne la victoire:
    Si j'avois moins aimé la gloire,
    Vous ne m'auriés pas tant aimé.

S C È N E I I I.

ORIANE, FLORESTAN, CORISANDE.

C O R I S A N D E, à ORIANE.

JE revois Floreſtan, je le revois fidele.

O R I A N E.

Ah, qu'il eſt beau d'aimer d'une amour éternelle!

F L O R E S T A N.

C'eſt en vain qu'Amadis vous aime conſtamment,
Et vous l'avés banni, par une loi cruëlle.

ORIANE.

Non, ne deffendés point un fi volage amant :
       Sa première amour eft finie ;
       Il adore Brïolanie.
    Le confident de fa nouvelle ardeur
       N'a que trop bien fu m'en inftruire :
       Il n'eft plus permis à mon cœur
          De fe laiffer féduire.

FLORESTAN.

Amadis eft faifi d'un mortel défefpoir.

ORIANE.

    Non, non, ce n'eft qu'un artifice
    Dont il couvre fon injuftice ;
Il fera trop content de ne me jamais voir.

CORISANDE.

    L'injuftice feroit étrange
De vouloir ajoûter la feinte au changement :
       Du-moins un grand cœur, quand il change,
       Doit changer fans déguifement.

ORIANE.

L'ingrat un peu plus tard auroit changé fans crime !
       Je vais devenir la victime
       Du devoir, qui regle mon fort.

C ij

L'inconſtant n'a-t-il pu ſe faire un peu d'eſſort ?
De lui-même bientôt ſon cœur alloit dépendre :
Eh , que n'attendoit-il mon himen, où ma mort !
     Il ne devoit plus guere attendre.

Que j'ai de peine à cacher mes ennuis !

C O R I S A N D E.

Deux partis vont ici diſputer la victoire.
     Ces jeux guerriers ſe font à votre gloire.

O R I A N E.

Ne m'abandonnés pas dans le trouble où je ſuis.

SCÈNE IV.

ORIANE, FLORESTAN, CORISANDE,
TROUPE *de* COMBATTANTS
de deux differents partis.

NIMPHES *de la suite d'*ORIANE, PEUPLES.

(*Les deux partis font divers combats, & les
victorieux portent aux piés d'*ORIANE
les armes qu'ils ont gâgnées.)

UNE *SUIVANTE* D'ORIANE.

QUE de plaisirs enchanteurs
Vont s'empresser sur vos traces !
Vous triomphés, heureux vainqueurs.

CHŒUR de jeunes personnes.

Que de plaisirs , &c.

LA *SUIVANTE.*

Quels hommages plus flatteurs !
A nos yeux la main des grâces
Va joindre à vos lauriers les plus aimables fleurs.

LE *CHŒUR.*

Quels hommages , &c.

L A SUIVANTE.

Les moments les plus doux,
Chaque jour naîtront pour vous :
Cédés au tendre Amour; goûtés-en tous les charmes.
A ſes traits
Déſormais
Les plus indifferents doivent rendre les armes.

L E CHŒUR.

Les moments, &c.

(*Oriane donne au chef du parti vainqueur une couronne de laurier & de mirthe fleuri; & les Nimphes, des couronnes de laurier aux autres vainqueurs.*)

FIN DU PREMIER ACTE.

ACTE SECOND

Le théâtre repréſente une forêt, dont les arbres ſont chargés de trophées ; on voit dans le fond un pont, & une fortereſſe au bout.

SCÈNE PREMIÉRE.

ARCABONNE, ſeule.

Amour, que veux-tu de moi ?
Mon cœur n'eſt pas fait pour toi.

Non, ne t'oppôſes point au penchant qui m'entraîne;
Je ſuis accoûtumée à reſſentir la haîne ;
Je ne veux inſpirer que l'horreur & l'effroi.

Amour, que veux-tu de moi ?
Mon âme auroit trop de peine
A ſuivre une douce loi ;

C’eſt mon ſort d’être inhumaine.

Amour, que veux-tu de moi?

Mon cœur n’eſt pas fait pour toi.

S C Ê N E   II.

ARCALAUS, ARCABONNE.

A R C A L A U S.

MA ſœur, qui peut cauſer votre ſombre triſ-
teſſe?
Le ſilence des bois ſert à l’entretenir.

A R C A B O N N E.

Il faut avouër ma foibleſſe,

Pour commencer à m’en punir.

Un héros, contre un monſtre, un jour prit ma dé-
fenſe;

J’étois morte ſans ſon ſecours :

Il ne voulut, pour récompenſe,

Que le plaiſir ſecret d’avoir ſauvé mes jours.

Je n’ai point ſu quel héros m’a ſervie;

Je m’informai de ſon nom vainement :

Mais ſon caſque tomba, je le vis un moment;

Ce

Ce moment fut fatal au reste de ma vie.

Cet inconnu, si généreux,
Ne me parut que trop aimable ;
Il m'en revient sans-cèsse une image agréable ,
Qui me plaît plus que je ne veux.
J'ai honte de mon trouble extrême ;
Je fuis par-tout l'Amour, je sens par-tout ses traits ;
Je cherche envain les paisibles forêts ;
Hélas ! jusqu'au silence même,
Tout me parle de ce que j'aime.

A R C A L A U S.

L'Amour n'est qu'une vaine erreur ;
On n'en est point surpris quand on veut s'en def-
fendre.
Est-ce à vous d'avoir un cœur tendre ?
Votre cœur tout entier n'est dû qu'à la fureur.

L'Amour, &c.

A R C A B O N N E.

Non, je ne connois plus mon cœur.
L'Amour, qu'il a bravé, le réduit à se rendre ;
Tout barbare qu'il est, il se laîsse surprendre
D'une douce langueur.
Non, je ne connois plus mon cœur.

D

ARCALAUS.

Délivrés-vous de l'esclavage
Où l'Amour vous engage :
Vous, qui favés commander aux enfers,
Ne fauriés-vous brîfer vos fers ?

ARCABONNE.

Vous m'avés enfeigné la fcïence terrible
Des noirs enchantements, qui font pâlir le jour :
Enfeignés-moi, s'il eft poffible,
Le fecret d'éviter les charmes de l'Amour.

ARCALAUS.

Songés que notre fang nous demande vengeance.
Amadis l'a verfé, fa valeur nous offenfe :
Le fuperbe Amadis a terminé le fort
Du redoutable Ardan, notre malheureux frere....

ARCABONNE.

Que le nom d'Amadis m'infpire de colere !
Quand pourrai-je goûter le plaifir de fa mort ?

ARCALAUS.

Que j'aime à voir en vous ce génereux tranfport ?

ARCALAUS et ARCABONNE.

Irritons notre barbarie ;
Écoûtons notre fang qui crie :

Périffe l'ennemi qui nous ôfe outrager !
Ah, qu'il eft doux de fe venger !

ARCABONNE.

L'efpoir de la vengeance aujourd'hui me confole
De tout ce que l'Amour m'a caufé de tourments.
Hâtés-vous de livrer à mes reffentiments,
    L'ennemi qu'il faut que j'immole.

ARCALAUS.

Laiffés-moi l'engager dans mes enchantements.

*(ARCABONNE fe retire ; ARCALAUS
demeure dans la forêt ; il apperçoit AMADIS
qui s'avance.)*

SCENE III.

ARCALAUS, *feul.*

Dans un piége fatal fon mauvais fort l'amene.
    Efprits, malheureux & jaloux,
Qui ne pouvés fouffrir la vertu qu'avec peine ;
    Vous, dont la fureur inhumaine,
Dans les maux qu'elle fait, trouve un plaifir fi doux ;

Démons, préparés vous
A seconder ma haîne ;
Démons, préparés-vous
A servir mon couroux.

(*Arcalaus se retire dans le fort qui est au bout du pont.*)

SCÊNE IV.

AMADIS, *seul.*

Bois épais, redouble ton ombre,
Tu ne saurois être assés sombre ;
Tu ne peux trop cacher mon malheureux amour.

Je sens un désespoir dont l'horreur est extrême ;
Je ne dois plus voir ce que j'aime,
Je ne veux plus souffrir le jour.

Bois épais, &c.

SCÈNE V.

CORISANDE, AMADIS.

CORISANDE.

O Fortune cruëlle!..
Que vois-je? Amadis!

AMADIS.

Qui m'appele?

CORISANDE.

Par quel sort puis-je ici vous voir?

AMADIS.

Vous voyés un amant fidele,
Réduit au dernier défefpoir.

CORISANDE.

Protégés la vertu, que l'injuftice opprime;
Secourés Floreftan; même fang vous anime:
Il étoit, comme vous, l'appui des malheureux.
Je n'ai pu retenir fon cœur trop génereux;
Aux pleurs d'une inconnue il s'eft laiffé féduire:
La perfide a fu le conduire
Dans des enchantements affreux.

AMADIS.

Pour l'aller fecourir quel chemin faut-il prendre?

CORISANDE.

A d'horribles dangers vous devés vous attendre.

AMADIS.

J'ai vu le danger fans effroi,
Lorfque mes jours heureux étoient dignes d'envie;
Puis-je craindre la mort, dans un tems où la vie
N'eft plus qu'un fuplice pour moi?

CORISANDE.

Floreftan eft tombé dans un trifte efclavage
En voulant pâffer dans ces lieux.

(*Elle lui montre le fond du théâtre.*)

AMADIS.

Allons.

S C Ê N E VI.

ARCALAUS, SUIVANTS D’ARCALAUS,
AMADIS, CORISANDE.

ARCALAUS, empêchant AMADIS de pâffer
fur le pont.

A Rrête, audacïeux,
Arrête ! j’entreprends de garder ce pâffage.
Vois ces marques de mes exploits,
Vöis combien de guerriers m’ont cédé la victoire :
Joins un nouveau trophée à ceux que, dans ces bois,
J’ai fait élever à ma gloire.

A M A D I S.

Cèffe de m’arrêter, ne force point mon bras
A tourner fur toi ma vengeance.

A R C A L A U S.

Si tu cherches ton frere, il eft en ma puiffance.

C O R I S A N D E.

Rendés-moi Floreftan.

AMADIS,

ARCALAUS.

Allés, fuivés fes pas ;
Suivés votre amant au trépas.

(*Les fuivants d'ARCALAUS emmenent
CORISANDE*)

AMADIS.

Perfide ! il faut que je puniffe
Ta barbare injuftice.

(*AMADIS combat contre ARCALAUS.*)

SCÈNE VII.

*(Plufieurs démons & des monftres terribles s'ef-
forcent envain d'étonner & d'arrêter* AMADIS :
*d'autres démons, fous la forme de bergers &
de bergeres, prennent la place des monftres,
& enchantent* AMADIS. *)*

AMADIS,

TROUPE *de* BERGERS *& de* BERGERES.

UNE *BERGERE.*

C Édés, il eft tems de vous rendre :
    Cédés, rendés-vous
Aux charmes les plus doux.

LE *CHŒUR.*

Cédés, &c.

LA *BERGERE.*

L'Amour eft pour nous,
C'eft envain que l'on veut s'en deffendre.

LA *BERGERE avec le CHŒUR.*

Cédés, &c.   *(On danfe.)*

E

A M A D I S enchanté, & croyant voir
O R I A N E.

Eſt-ce vous, Orïane? o ciel! eſt-il poſſible?
Votre cœur contre moi n'eſt-il plus irrité?
L'éclat de vos beaux yeux, dans ce bois écarté,
Chaſſe ce que l'enfer a formé de terrible.
Que vivre loin de vous eſt un ſuplice horrible!
Quel plaiſir de vous voir! que j'en ſuis enchanté!
Diſpôſés de ma vie & de ma liberté.

(*A M A D I S* remet ſes armes entre les mains de
la bergere qu'il prend pour O R I A N E, & la
ſuit avec emprèſſement.)

FIN DU SECOND ACTE.

ACTE TROISIÈME.

Le théâtre représente, d'un côté, une solitude aride, & le tombeau d'ARDAN-CANILE ; de l'autre côté, un vieux palais ruiné, avec plusieurs cachots.

SCÈNE PREMIÈRE.

FLORESTAN, *enchaîné & enfermé dans un cachot ;* CORISANDE, *enchaînée & enfermée dans un autre cachot ;*

TROUPE *de* CAPTIFS *& de* CAPTIVES, *qui font enchaînés & enfermés ;* TROUPE *de* GEOLIERS.

CHŒUR *de* CAPTIFS *& de* CAPTIVES.

Ciel ! finiffés nos peines.
CHŒUR *de* GEOLIERS.
Vos clameurs feront vaines.

CHŒUR de CAPTIFS & de CAPTIVES.

Ciel! o ciel! quel fuplice, hélas!

CHŒUR de GEOLIERS.

Le ciel ne vous écoute pas.

SCÈNE II.

ARCABONNE, *& les* ACTEURS *de la Scêne précédente.*

(ARCABONNE*, conduite & portée en l'air par un dragon volant, defcend dans le palais ruiné.*)

ARCABONNE.

IL eft tems de finir votre plainte importune ;
Sortés, crainés ici vos fers.

(*Les geoliers ouvrent les cachots, & les captifs & captives en fortent.*)

CHŒUR de CAPTIFS & de CAPTIVES.

Contentés-vous des maux que nous avons foufferts ;
Faites ceffer notre infortune.

ARCABONNE.

Vous allés ceffer de fouffrir,
Malheureux ; vous allés mourir.

Bientôt l'ennemi qui m'outrage
Sera remis en mon pouvoir :
Et, plus je fuis près de le voir,
Plus je fens augmenter ma rage.
Le fang, ou l'amitié vous unit avec lui ,
Vous périrés tous aujourd'hui.

Toi , qui dans ce tombeau n'ès plus qu'un peu de
cendre ,
Et qui fus de la terre autrefois la terreur ;
Reçois le fang que ma fureur
S'emprèffe de répandre.

(*Des fons lugubres fortent du tombeau.*)

Qu'entends-je ! quel gémiffement
Sort de ce monument ?..
Je vais répondre à votre impatïence ,
Mânes plaintifs ! ceffés de murmurer.
Je punîrai qui vous offenfe
Par la plus cruëlle vengeance
Que la rage puiffe infpirer.

Mânes plaintifs ! ceffés de murmurer.

SCÊNE III.

L'OMBRE D'ARDAN-CANILE,
& les ACTEURS *de la Scêne précédente.*

L'*OMBRE*, *fortant de fon tombeau.*

AH! tu me trahis, malheureufe!

ARCABONNE.

J'ai juré d'achever une vengeance affreufe :
Voyés quelle eft l'ardeur de mes reffentiments.

L'*OMBRE.*

Ah ! tu me trahis, malheureufe !
Ah! tu vas trahir tes ferments.

Je retombe ; le jour me bleffe :
Tu me fuivras dans peu de tems.
Pour te reprocher ta foibleffe,
C'eft aux enfers que je t'attends.

(L'*OMBRE rentre dans le tombeau.*)

ARCABONNE.

Non, rien n'arrêtera la fureur qui m'anime...
On vient me livrer ma victime !

SCÊNE IV.

AMADIS, *enchaîné;* TROUPE *de soldats, qui*
gardent AMADIS *; & les* ACTEURS *de la*
Scêne précédente.

ARCABONNE, *un poignard à la main,*
*s'approchant d'*AMADIS.

MEurs!... Que mes fens font interdits !
O ciel ! que vois-je ? eft-ce Amadis !

AMADIS.

Je fuis un malheureux, qui n'ai plus d'autre envie
Que de trouver la fin de mon funefte fort.

ARCABONNE.

Quoi, l'ennemi dont j'ai juré la mort,
Eft le héros qui m'a fauvé la vie !
Qu'eft-ce que j'entreprends ? un trépas inhumain

De mon libérateur feroit la récompenfe…
Non, une cruëlle vengeance
Contre vos jours m'a fait armer envain :
Une jufte reconnoiffance
Me fait tomber les armes de la main.

Vivés, quittés vos fers ; ne craignés plus ma haîne.
Quel prix vous puis-je offrir pour ce que je vous doi ?

A M A D I S.

D'innocents malheureux ont trop fouffert pour moi ;
Le feul prix que je veux, c'eft de brîfer leur chaîne.

A R C A B O N N E , *à tous les captifs.*

Allés en liberté ; goûtés un doux repos :
Rendés grâces à ce héros.

(*A*RCABONNE *fait remettre en liberté* F*LORESTAN,*
C*ORISANDE, & les autres captifs & captives ;*
mais elle retient A*MADIS, qu'elle emmene avec*
elle. Les captifs & les captives fe réjouiffent de
la liberté, qui leur eft rendue)

FLORESTAN

FLORESTAN & CORISANDE,
alternativement seuls, en duo, & avec le
CHŒUR.

Sortons d'esclavage,
Profitons de l'avantage
    Qu'Amadis a remporté ;
        Notre liberté
    Est le prix de son courage ;
        Sortons d'esclavage.

Amadis a surmonté
    L'envie & la rage ;
Amadis a surmonté
    L'enfer irrité.

    Sortons d'esclavage,
Profitons de l'avantage
Qu'Amadis a remporté , &c.

                    (*On danse.*

CORISANDE ET *FLORESTAN.*

    L'amour & la victoire
S'unissent, pour nous rendre heureux.
                    F

De ce jour, par nos chants, confacrons la mémoire.
Volés, plaifirs ; régnés, aimables jeux :
L'Amour vous appele en ces lieux.

(On danfe.)

ACTE QUATRIÉME.

Le théâtre repréfente une île agréable.

SCÉNE PREMIÉRE.

ARCALAUS, ARCABONNE.

ARCALAUS.

PAR mes enchantements Oriane eft captive :
   Sa beauté caufa nos malheurs ;
Dans ces lieux, fans pitié, j'entends fa voix plain-
   tive,
   Et j'aime à voir coûler fes pleurs.

Notre ennemi l'aimoit, il a tout fait pour elle ;
   Il combattoit pour l'obtenir.

F ij

ARCABONNE.

Je viens de la voir, qu’elle eſt belle !
Vous ne la ſauriés trop punir.

ARCALAUS.

Ne permettons pas qu’elle ignore
La perte d’un amant, dont ſon cœur eſt charmé ;
Il faut, qu’après la mort, Amadis ſouffre encore
Dans ce qu’il a le plus aimé.

Aux regards d’Oriane, expôſés la victime
Qu’à nos reſſentiments vous venés d’immoler…
Un ſoûpir vous échappe, & vous n’ôſés parler !
Eſt-ce par des ſoûpirs que la haîne s’exprime ?

ARCABONNE.

Que vous êtes heureux de n’avoir à ſonger
Qu’à haïr & qu’à vous venger !
Hélas ! dans notre ennemi même
J’ai trouvé l’inconnu que j’aime.

ARCALAUS.

Vous aimés Amadis ! il voit encor le jour !
Quoi ! ſur votre vengeance un lâche amour l’emporte ?

ARCABONNE.

La vengeance la plus forte
Eſt foible contre l’amour.

A R C A L A U S.

Du parti d'Amadis, quoi! votre cœur fe range?
Parjure! ah, c'eſt de vous qu'il faut que je me venge!

A R C A B O N N E.

Je l'aime, malgré-moi, cet ennemi charmant;
Je n'en puis être aimée, une autre a ſu lui plaire:
　　Je vous défie, avec votre colere,
　　D'inventer, pour mon châtiment,
　　Un plus cruël tourment,

A R C A L A U S.

　　Pour augmenter votre ſuplice,
Il faut vous faire voir ces deux amants heureux:
Avant que ma vengeance en faſſe un ſacrifice,
　　Il faut que l'himen les uniſſe....

A R C A B O N N E.

Ah! que plutôt cent fois ils périſſent tous deux.

　　Entre l'amour & la haîne cruëlle,
　　J'ai cru me pouvoir partager;
Mais dans mon cœur l'amour eſt étranger,
　　Et la haîne m'eſt naturelle.

ARCABONNE, voyant approcher ORIANE.

Ma rivale gémit: que ſes maux me ſont doux!

Pour punir ces amants, j'imagine une peine
Digne de ma fureur, & de votre couroux :
  C'eſt peu d'une mort inhumaine...

ARCALAUS.

Puis-je encor me fier à vous?

ARCABONNE.

Fïés-vous à l'amour jaloux,
Il eſt plus cruël que la haîne.

SCÊNE II.
ORIANE.

A Qui pourrai-je avoir recours ?
C'eſt de vous, juſte Ciel! que j'attends du ſecours.
Sur ces bords inconnus, un enchanteur barbare
  Diſpôſe de mes triſtes jours :
  L'enfer contre moi ſe déclare.

  A qui pourrai-je avoir recours ?
C'eſt de vous, juſte Ciel! que j'attends du ſecours.

Autrefois Amadis auroit pris ma deffenſe :
Mais l'inconſtant m'oublie, & ſuit une autre loi.
  Pourquoi m'en ſoûvenir ? pourquoi
N'oublïer pas de lui juſqu'à ſon inconſtance ?

SCÊNE III.

ARCALAUS, ORIANE.

ARCALAUS.

JE vous entends ; cessés de feindre.
Plaignés-vous d'Amadis ; je ne veux pas contraindre
        Un si juste couroux.

ORIANE.

    J'ai tant de sujet de m'en plaindre ,
Que j'ai presque oublié de me plaindre de vous.
Non , ce n'est point ici son secours que j'implore ;
Il est allé chercher la bea uté qu'il adore ,
Et je l'appelerois par des cris superflus.

ARCALAUS.

Lorsque vous le verrés, vous l'aimerés encore.

ORIANE.

    Non , non , je ne le verrai plus.
Je dois trop le haïr , pour renouër la chaîne
        Dont il a dégagé son cœur.

A R C A L A U S.

Si vous le haïſſés , j'ai ſervi votre haîne ;
A la fin j'ai vaincu ce ſuperbe vainqueur.

O R I A N E.

Vous vainqueur d'Amadis ! non ; il n'eſt pas poſſible
Qu'il ait ceſſé d'être invincible :
Tout cede à ſa valeur , & vous la connoiſſés...

A R C A L A U S.

Et c'eſt ainſi que vous le haïſſés ?

O R I A N E.

Je veux haïr toûjours un amant ſi volage,
Et je me le ſuis bien promis :
Mais ſes plus cruëls ennemis
Peuvent-ils s'empêcher d'admirer ſon courage.

Non , rien ne peut être aſſés fort ,
Pour ſurmonter ce héros indomtable.

A R C A L A U S.

Voyés ſi je me vante , à tort,
D'avoir vaincu ce vainqueur redoutable.

(*A M A D I S , étendu ſur un gâſon , paroît mort.*)

SCÊNE

SCÉNE IV.

ORIANE, AMADIS, *qui paroît mort.*

ORIANE.

QUe vois-je ! o fpectacle effroyable !
      O trop funefte fort !
Ciel ! o ciel ! Amadis eft mort !

Ma colere lui fut fatale ;
J'eus tort de l'accufer de fuivre un autre amour.
Que ne puis-je, en mourant, le rappeler au jour,
      Dût-il vivre pour ma rivale !

      Ciel ! qui nous donnas ce héros,
      Que ne prenois-tu fa deffenfe
      Contre l'infernale puiffance ?
L'univers a perdu l'auteur de fon repos.

      Pleure, gémis, foible innocence ;
      Pleure, hélas ! tu n'as plus d'appui :
      Tu vois expirer aujourd'hui
            Ton unique efperance.

      O trop funefte fort !
Ciel ! o ciel ! Amadis eft mort !

G

Il m'appele ; je vais le fuivre :
Le fort qui nous rejoint m'eſt doux.
Amadis , je vivois pour vous ;
Vous mourés , je ne puis plus vivre.

(*ORIANE tombe évanouie.*)

SCÊNE V.

ARCALAUS, ARCABONNE, AMADIS,
qui paroît mort , ORIANE, *évanouie.*

ARCALAUS ET *ARCABONNE.*

QUel plaiſir de voir
Un ſi cruël déſeſpoir !

A R C A B O N N E.

Joignés votre fureur à ma rage inhumaine.
Il faut que ces amants revivent tour-à-tour
Pour fouffrir une affreuſe peine.

A R C A L A U S.

Il faut faire de leur amour
Le miniſtre de notre haîne.

ARCALAUS ET *ARCABONNE.*

Quel plaiſir de voir
Un ſi cruël déſeſpoir !

ARCABONNE.

Il faut qu'Amadis forte
Du profond affoûpiffement.
Où le tient notre enchantement,
Et qu'il pleure Oriane morte.…

Mais pour eux contre nous, quel pouvoir s'eft armé?

ARCALAUS.

Qui peut conduire ici ce rocher enflâmé?

SCÊNE VI.

(Un rocher, environné de flâmes, s'approche ; les flâmes se retirent, & laiſſent voir un vaiſſeau ſous la figure d'un ſerpent. URGANDE & ſes Suivantes ſortent de ce vaiſſeau.)

URGANDE, Troupe *de Suivantes d*'URGANDE, ARCALAUS, ARCABONNE, AMADIS, *qui paroît mort* , ORIANE, *évanouie.*

URGANDE.

JE ſoûmèts à mes loix l'enfer, la terre & l'onde :
Sans qu'on ſache où je ſuis, je parcours tout le
   monde ;
   Et je connois des ſecrèts que les cieux
   N'ont juſqu'ici dévoilé qu'à mes yeux.
Mais j'arme ſeulement ma fatale puiſſance
   Contre l'injuſte vïolence ;
J'ai ſoin de ſecourir le mérite abbatu,
Et je fais mon bonheur de ſervir la vertu.

URGANDE & le CHŒUR.

Tremblés, tremblés ! reconnoiſſés Urgande :
Tout obéit, ſi-tôt que je commande.

Barbares, laiſſés pour-jamais
Ces fideles amants en paix.

(URGANDE *touche de ſa baguette* ARCALAUS
& ARCABONNE.)

ARCALAUS ET *ARCABONNE.*

Tout mon effort eſt inutile,
Je demeure immobile ;
Je cede aux charmes trop puiſſants
Qui ſaiſiſſent mes ſens.

(*On danſe.*)

UNE *SUIVANTE* D'URGANDE,
alternativement avec le Chœur.

Cœurs accablés de rigueurs inhumaines,
Ne céſſés point d'eſpérer en aimant :
Il vient un jour où les craintes ſont vaines ;
Un triſte ſort change dans un moment.

Il eſt fâcheux de porter des chaînes,
C'eſt un cruël tourment ;
Mais quand l'Amour en veut payer les peines,
C'eſt un plaiſir charmant.

(*Les Suivantes d'*URGANDE *commencent à diſſiper
par leurs danſes l'enchantement dont* AMADIS *&*
ORIANE *ſont ſaiſis, & les emportent dans le
vaiſſeau.* URGANDE, *avant que d'y rentrer,
touche une ſeconde fois de ſa baguette* ARCALAUS
& ARCABONNE.)

URGANDE.

Il faut que de vos sens je vous rende l'usage ;
Perfides ! je vous livre à votre propre rage.

ARCALAUS et ARCABONNE.

On brave notre vain pouvoir ,
Tout est contraire à notre envie :
Nous perdons tout espoir ,
Renonçons à la vie.

(*Ils se tuent.*)

FIN DU QUATRIÈME ACTE.

ACTE CINQUIÈME.

*Le théâtre repréfente le palais enchanté d'*APOL-
LIDON, *où l'on voit l'arc des loyaux amants,*
& la chambre deffendue, qui eft gardée par un
monftre, jettant des flâmes.

SCÉNE PREMIÈRE.

URGANDE, AMADIS.

URGANDE.

Apollidon, par un pouvoir magique,
Autrefois éleva ce palais magnifique ;
Confolés-vous en des lieux fi charmants;
Vous y devés trouver la fin de vos tourments.

A M A D I S.

Je ne puis reſſentir les charmes
Du plus agréable ſéjour :
Non, rien ne plaît à des yeux que l'Amour
A condamnés à d'éternelles larmes.

U R G A N D E.

Orïane eſt ici, rappelés votre eſpoir.

A M A D I S.

Orïane !..

U R G A N D E.

Vous l'allés voir.

A M A D I S.

Je puis voir par vos ſoins la beauté que j'adore !
Voir Orïane !.. hélas ! c'eſt l'irriter encore.
Ah , que mon cœur ſe ſent troubler !
Je tremble...

U R G A N D E.

Amadis peut trembler !

A M A D I S.

Je ſuis inébranlable
Contre un ennemi redoutable,
Dont il faut vaincre la fureur ;
Mais contre la colere
De la beauté qui m'a ſu plaire,
Rien n'eſt ſi foible que mon cœur.

URGANDE.

URGANDE.

Diffipés une crainte vaine ;
Empreffés-vous de voir Oriane en ces lieux.

AMADIS.

Elle m'a deffendu de paroître à fes yeux ;
Je crains de mériter fa haîne.

SCÉNE II.

ORIANE, AMADIS.

ORIANE.

Fermés-vous, pour-jamais, mes yeux, mes triftes
yeux :
Je perds ce que j'aime le mieux,
La clarté doit m'être ravie.
Hélas ! quelle rigueur de me rendre la vie,
Pour me faire fentir la perte que je fais !

Mes yeux, mes trifte s yeux, fermés-vous pour-jamais.

ORIANE ET AMADIS.

O ciel ! le puis-je croire ?

ORIANE.

Amadis ! vous vivés ?

H

A M A D I S.

Vous plaignés mes malheurs !
Vos beaux yeux m'ont donné des pleurs !

O R I A N E.

Vous vivés !

A M A D I S.

Puis-je encor vivre en votre mémoire ?

O R I A N E.

Je vous aime conſtamment,
Malgré votre changement.

Dans une amour nouvelle
Vous pourés trouver plus d'appas :
Mais vous n'y trouverés pas
Un cœur plus fidele.

A M A D I S.

Oriane , m'accuſés-vous ?

O R I A N E.

Brïolanie a des charmes trop doux ;
Je n'empêcherai pas que votre amour la ſuive...

A M A D I S.

Ah ! ne reprenés plus votre fatal couroux,
Si vous ſouhaités que je vive.

O R I A N E.

Vous aurés peu de peine à me défabufer ;
Amadis, contre vous à regret je m'irrite :
    Le dépit que l'Amour excite
    Ne demande qu'à s'appaifer.

Tout vous a dit que je vous aime :
Mes larmes, ma douleur extrême ,
    Et jufqu'à mon dépit ,
        Tout vous a dit
        Que je vous aime.

E N S E M B L E.

    Je vous promèts
    De n'éteindre jamais
    Une flâme fi belle ;
    Je vous promèts
    Une amour éternelle.

S C Ê N E III.

URGANDE, AMADIS, ORIANE.

U R G A N D E.

ENfin, vos cœurs font réunis.

A M A D I S.

Par votre heureux fecours nos tourments font finis.

O R I A N E.

Je dépends d'un devoir févere ;
Mon pere a fait un choix , qui s'oppôfe à mes vœux.

U R G A N D E.

J'aurai foin d'obtenir l'aveu de votre pere.

A M A D I S ET *O R I A N E.*

Que ne devons-nous pas à vos foins génereux !

U R G A N D E.

Un fi parfait amour mérite d'être heureux.

(*à* ORIANE.)

Suivés ce héros glorïeux ;
Vers la chambre enchantée avancés fans allarmes.

A M A D I S, conduifant ORIANE.

Venés en furmonter les charmes :
Quels charmes font plus forts que ceux de vos beaux
    yeux !

SCÈNE DERNIERE.

*(La chambre deffendue s'ouvre. Une Troupe de
héros & d'héroïnes, qu'Apollidon y avoit
autrefois enchantés, pour y attendre le plus fidele
des amants & la plus parfaite des amantes, re-
çoit Amadis & Oriane, & les reconnoît dignes
de cet honneur.)*

AMADIS, ORIANE, URGANDE,
FLORESTAN, CORISANDE,
Troupe de Héros & d'Héroïnes.

LE CHŒUR.

Regnés, plaisirs, dans ce charmant séjour ;
Unissés-vous aux douceurs de l'amour :
Regnés, plaisirs ; au sein de la victoire,
Allons nous couronner d'une éternelle gloire.

(On danse).

AMADIS.

Chantons, en ce beau jour,
La gloire de l'Amour.
Ce dieu fait plaire
Au milieu d'un tourment sans égal :

Il faut lui pardonner tout le mal
Qu'il veut nous faire.

LE CHŒUR.

Chantons, en ce beau jour,
La gloire de l'Amour, &c.

AMADIS.

Je n'ai point de regret aux pleurs que j'ai verſés :
Le bonheur qui les ſuit les récompenſe aſſés.

AMADIS, avec le CHŒUR.

Chantons, en ce beau jour,
La gloire de l'Amour, &c.

(*Un divertiſſement géneral termine l'Opera.*)

FIN.

APPROBATION.

J'AI lu, par ordre de Monſeigneur le Chancelier, l'Opera d'A-
MADIS de GAULE, dont on peut permettre l'impreſſion. A Paris le
4 Novembre 1771.

DU CLOS.

www.ingramcontent.com/pod-product-compliance
Ingram Content Group UK Ltd.
Pitfield, Milton Keynes, MK11 3LW, UK
UKHW031806170726
13836UKWH00003B/1212